Índice

Rourke
Educational Media
rourkeeducationalmedia.com

¿Puedes encontrar estas palabras?

pilotes

rascacielos

selva tropical

suburbios

Dónde vivimos

La gente vive en muchos tipos de lugares.

Algunos lugares son calientes.

La gente construye cerca del agua para mantenerse fresca.

¡Una **selva tropical** es húmeda!

selva tropical

pilotes

Una casa sobre **pilotes** permanece seca.

Las ciudades tienen muchas personas. ¡Construyen hacia arriba!

rascacielos

Viven en **rascacielos.**

9

Hay más espacio en los suburbios.

suburbio

Las casas pueden ser grandes
o pequeñas.

En las zonas agrícolas, ¡los cerdos y los caballos también tienen casas!

¿Encontraste estas palabras?

Una casa sobre **pilotes** permanece seca.

Viven en **rascacielos**.

¡Una **selva tropical** es húmeda!

Hay más espacio en los **suburbios**.

Glosario fotográfico

 **pilotes:** postes que sostienen una edificación arriba del suelo o del nivel del agua.

 **rascacielos:** edificios muy altos que suelen encontrarse en las ciudades.

 **selva tropical:** bosque húmedo donde cae mucha lluvia gran parte del año.

 **suburbio:** una zona en el borde exterior de una ciudad con muchas casas y pocos negocios.

Índice analítico

Sobre la autora

Tammy Brown escribe libros y enseña a maestros cómo enseñar a leer a sus alumnos. Le gusta caminar en el bosque.

www.rourkeeducationalmedia.com

PHOTO CREDITS: Cover: ©tacojim; p. 2,6,14,15: ©gualtiero boffi/©Alamy Stock Photo; p. 2,8,14,15: ©SeanPavonePhoto; p: 2,10,14,15: ©IP Galanternik D.U.; p. 3: ©Alexphotographic; p. 4: ©Travel Stock; p. 12: ©alexmak7; p. 13: ©LOSHADENOK

Edición: Keli Sipperley
Diseño de la tapa: Kathy Walsh
Diseño interior: Rhea Magaro-Wallace
Traducción: Santiago Ochoa
Edición en español: Base Tres

Library of Congress PCN Data
Dónde vivimos / Tammy Brown
(Descubrámoslo)
ISBN (hard cover - spanish)(alk. paper) 978-1-64156-920-0
ISBN (soft cover - spanish) 978-1-64156-944-6
ISBN (e-Book - spanish) 978-1-64156-968-2
ISBN (hard cover - english)(alk. paper) 978-1-64156-159-4
ISBN (soft cover - english) 978-1-64156-215-7
ISBN (e-Book - english) 978-1-64156-270-6
Library of Congress Control Number: 2018955944

Printed in the United States of America, North Mankato, Minnesota